DE L'ENTRETIEN

OUVRAGES DE LOUIS MARIN

☆m

UTOPIQUES : JEUX D'ESPACES, 1973.

LA CRITIQUE DU DISCOURS, ÉTUDES SUR LA LOGIQUE DE PORT-ROYAL ET LES PENSÉES DE PASCAL, 1975.

LE RÉCIT EST UN PIÈGE, 1978.

LE PORTRAIT DU ROI, 1981.

Chez d'autres éditeurs :

ÉTUDES SÉMIOLOGIQUES, ÉCRITURE, PEINTURE, Klincksieck, 1971.

SÉMIOTIQUE DE LA PASSION, TOPIQUES ET FIGURES, Desclée de Brouwer, Aubier-Montaigne, 1972.

LE RÉCIT ÉVANGÉLIQUE, en collaboration avec Cl. Chabrol, Aubier-Montaigne, 1972.

DÉTRUIRE LA PEINTURE, Galilée, 1977 (rééd. Flammarion, 1997).

LA VOIX EXCOMMUNIÉE, Galilée, 1981.

LA PAROLE MANGÉE ET AUTRES ESSAIS THÉOLOGICO-POLITIQUES, Klincksieck, 1986.

JEAN-CHARLES BLAIS, DU FIGURABLE EN PEINTURE, Blusson, 1988.

OPACITÉ DE LA PEINTURE, ESSAIS SUR LA REPRÉSENTATION AU QUATTROCENTO, Usher, 1989.

LECTURES TRAVERSIÈRES, Albin Michel, 1992.

DES POUVOIRS DE L'IMAGE, Seuil, 1993.

DE LA REPRÉSENTATION, Seuil/Gallimard, 1994.

PHILIPPE DE CHAMPAIGNE OU LA PRÉSENCE CACHÉE, Hazan, 1995.

SUBLIME POUSSIN, Seuil, 1995.

PASCAL ET PORT-ROYAL, PUF, 1997.

LOUIS MARIN

DE L'ENTRETIEN

LES ÉDITIONS DE MINUIT

7, rue Bernard-Palissy, 75006 Paris

ISBN 2-7073-1595-8

LE TEXTE MULTIPLIÉ

Le travail de Louis Marin est un texte infini, dont l'architecture repose sur la figure de l'échange, du double, de la réversibilité. Les pouvoirs de l'image et la puissance de la fable, l'autobiographie et la théorie des pratiques sociales, la représentation et la théorie du pouvoir en constituent les motifs principaux. Cette architecture, dont la configuration se dessine aujourd'hui dans la souveraineté de l'œuvre, révèle, comme Louis Marin l'indique ici même, une duellité fondamentale : la fréquentation des peintres, Poussin, Philippe de Champaigne, les relectures en miroir des écrivains privilégiés, Pascal, Stendhal, Rousseau, font écho à une ressaisie théorique de la relation des mots et des choses, de la constitution des images – ou, encore, de la figure des « deux corps du roi ». Le « passage » du langage se double d'une interrogation décisive sur le sens des modes de symbolisation, peinture, poésie, écriture philosophique.

Dans *De l'entretien,* Louis Marin multiplie les voix en une longue digression qui retourne la parole sur elle-même, la dédouble, la redouble. Ouvert par une introduction qui articule, sous la forme d'une fiction, le motif du dialogue, l'entretien met en perspective les grands thèmes de recherche de Louis Marin. L'échange, saisi comme une figure de fiction, devient argument théorique pour une réflexion sur la constitution d'un texte à propos d'un discours de conversation. Ce texte, fait d'avancées et de reprises, invente son objet au fur et à mesure que la « conversation » se déplie. L'entretien définit sa trajectoire et ses conditions de possibilité en inscrivant les figures de l'histoire qu'il suppose : la parole de l'« auteur » se diffracte en plusieurs identités (le professeur, le sémiologue, l'amateur, etc.) pour entrer en conversation avec des auteurs – Pascal, Félibien – et dialoguer avec des textes de l'âge classique. L'introduction de l'entretien contourne ainsi son objet principal pour mieux y revenir, comme la phrase de Louis Marin, tout en ruptures et en retours, s'enroule sur elle-même pour parvenir au cœur du sens. L'élaboration de la phrase renvoie alors à l'architecture de l'ensemble, l'inflexion de l'écriture cessant d'être séparable de l'exposition d'une méthode et d'un « plaisir du texte ».

De l'entretien, interrompu par la disparition de Louis Marin, a été réalisé dans le courant de l'année 1992, au fil d'une série d'échanges écrits, retravaillés, repris de part et d'autre, sans que jamais, comme Louis Marin lui-même le note au détour de ce « méta-entretien », un « écho de conversation » en soit absent.

Pascale Cassagnau

DE L'ENTRETIEN

J'aurais aimé, en prélude à ces entretiens, m'entretenir avec vous sur l'entretien d'art : entretien d'introduction, ou encore, comme diraient les pédants, méta-entretien dont l'objet serait non pas l'art ou l'œuvre d'art, mais ce type de discours tenu à deux, rarement davantage, devant les œuvres. Pourquoi ce désir ? Pourquoi ce retrait soudain avant de s'engager dans le dialogue ? Marque d'une hésitation, signe d'un écart (au sens où l'on dit qu'un cheval fait un écart devant un obstacle) ou peut-être volonté obscure d'assurer une parole en énonçant ses conditions de possibilité et ses règles opératoires ; (se) proposer une sorte de contrat théorique (ou rhétorique) avec soi-même et avec l'interlocuteur pour tracer les limites d'un discours nécessairement en risque de dérive ou en danger d'improvisation puisqu'un autre le « tient » avec soi et qu'une part, sinon la totalité, qui sera dite le sera en forme de réponse provoquée par une question dont aucun des deux n'est vraiment maître.

« Tenir un discours » à deux, est-ce vraiment possible quand l'expression même « tenir un discours » ne manque pas de provoquer l'interrogation par toutes les formes de maîtrise, de contrôle, de surveillance, d'appropriation et d'assurance qu'elle paraît impliquer, comme le fabuliste l'avait laissé deviner avec le parallélisme des quatre vers de la très célèbre fable : « Maître Corbeau sur un arbre perché / *Tenait* en son bec un *fromage.* / Maître Renard, par l'odeur alléché / Lui *tint* à peu près ce *langage* (ce discours) : "Hé, bonjour..." ». Tenir un fromage, tenir un langage (un discours), dans les deux cas, maîtrise solitaire. Qu'est-ce donc que tenir un discours *à deux* ? Un dialogue ? Point vraiment : on sait ce qu'il en coûta au Corbeau de s'engager dans l'interlocution, perdre le fromage sans pour autant conquérir le contrôle du langage, dont décidément le Renard reste le maître unique. L'entretien, discours tenu à deux, est-il possible ?

D'où le souhait, le désir, d'un accord « antérieur » à la prise de parole, le vœu d'une secrète complicité ou d'une réciproque séduction qui instituerait, avant le premier mot du premier échange, un « sujet » non pas double mais duel si l'on peut dire, latent ou virtuel, un sujet très paradoxal non seulement par sa duellité séductrice mais aussi parce qu'il serait de parole, de discours, de langage avant toute parole, tout discours, tout langage, un sujet de langage silencieux, car qu'est-ce donc qu'une parole, un discours, un langage virtuels, antérieurs logiquement et rhétoriquement non seulement à toute prolation sonore, à toute profération expressive, mais encore à toute parole, discours, langage intérieurs – comme disait Victor Egger –, signes et enchaînements de signes enfermés dans la monade sans portes ni fenêtres ? Peut-être approcherait-on par ces remarques paradoxales à ce que Saussure, Hjelmslev ou Benveniste ont construit et nommé « la langue », pur système, compétence primitive précédant toute effectuation, tout usage, toute expression.

Espace virtuel de la langue, dans sa latence, forêt obscure de ses paradigmes enchevêtrés... Se pourrait-il que la langue soit au plus profond de son essence désir de profération, d'expression, de parole ? Et que le contrat théorique et rhétorique primitif à tout entretien, à tout dialogue, soit l'institution ou la « formalisation » de ce désir pour l'expression de « la langue » dans la duellité du sujet ?

Cet entretien sur l'entretien d'art que je n'aurai pas *in vivo*, de vive voix, j'ai eu cependant envie d'en écrire la fiction. En vérité, tout entretien écrit est la fiction d'un entretien oral, même lorsque celui-ci a eu « réellement » lieu, qu'il a été enregistré entre voix et oreille (duelles) et qu'il est transcrit de l'écoute à la lecture : fiction au sens originel du terme, un façonnement, un modelage, un objet de langage comme un poème mais selon d'autres règles, clos sur lui-même, enfermant son temps d'écriture-lecture dans les signes dont il est fait ; et par là indéfiniment réitéré ou réitérable, objet de langage, toujours disponible à la renaissance, entre voix et oreille, du discours jadis à deux tenu. L'écriture d'un entretien « opère » cette fiction ; elle est le fonctionnement même de la « réalité » éphémère de la voix et de l'écoute (duelles) du dialogue. D'où la très « réelle » difficulté artistique ou esthétique de l'entreprise. Il en est de l'entretien écrit comme de la marche photographiée dans l'instantanéité d'un pas où le marcheur a toujours l'air de faire un faux pas, où son trébuchement, qui est celui-là même de la vie en marche, est à jamais immobilisé comme une chute sans rattrapage. La transcription littérale d'un entretien qui s'est réellement déroulé a toujours quelque chose de cacophonique (au sens « propre » du terme) : le sujet duel chute dans une dualité, une duplication ; deux *personae* s'immobilisent en forme de porte-voix, de porte parole ou de porte discours affrontés, émetteurs dans le meilleur des cas de deux monologues parallèles et, dans le pire, auditeurs toujours acquiesçants au discours de parleurs toujours discourants : on sait que Platon lui-même a connu cette difficulté, si toutefois on mesure le dialogue à l'aune de l'entretien, ce qui est sans doute une impertinente mesure. Fiction sur fiction, j'ai donc eu envie d'écrire cet entretien sur l'entretien d'art.

Toutefois, puisqu'il s'agit, en ce prélude, comme nous l'avons dit, d'un méta-entretien, d'un entretien sur les conditions de possibilité et les règles opératoires de l'entretien sur l'art et ses œuvres, je me permettrai de m'affranchir des deux *personae* dialoguant, car celles-ci sont les effets de ces conditions et les produits de ces règles que notre propos, dans ce « méta-entretien », est justement d'évoquer à l'interrogation. Je tenterai seulement de donner non pas voix ou parole mais écriture au sujet « duel » antérieur à tout dialogue, qui n'est ni moi ni vous qui cherchons le dialogue, mais seulement l'écart, l'intervalle où moi et vous, dialoguants virtuels, purs possibles, nous « précipitons » un primitif désir de langue. Je souhaite que s'y entende, à lire ce texte, la duellité même du sujet, de la voix, d'une voix duelle dont l'écrit serait l'écho : dialogue avec soi en attente d'un dialogue avec l'autre, où la voix duelle n'est pas une double voix, deux voix, mais voix plurielle dans sa duellité, dont l'écho dans l'écriture multiplie les départs, les prises de parole. Tout un humus inchoatif de désirs et de pensées, d'affects et de sentiments que l'écriture devra labourer pour constituer le sol fertile d'un fondement critique pour une forme ou un genre de discours avec sa logique, sa rhétorique et son histoire.

Aussi, pour entrer dans la fiction d'écriture, ou dans le fictionnement d'un « réel » entretien de vive voix, j'ai essayé, en souverain détenteur des forces du discours, de donner des noms à ces échos écrits de la voix duelle primitive, de faire de ces noms, non certes des *personae* d'un dialogue qui aurait pu avoir lieu, mais de simples traces, pas toujours cohérentes, de souvenirs, de rencontres, de lectures, d'images.

Ainsi l'écrivait cet ancien « Moi » (en 1977) (et c'est aujourd'hui le début de ce méta-entretien).

Moi : « Transcrire cette espèce de rumeur que j'ai, que vous avez dans la tête, quand je (vous) regarde(z) des tableaux, ce « bruit » qui charrie un bout de poème, un fragment d'histoire, un morceau d'article, une référence interrompue, un *écho de conversation* (c'est moi qui souligne, aujourd'hui, pour noter que moi (1977) décrivais à la fois ce que moi aujourd'hui suis en train de faire avec cette tentative d'un méta-entretien, mais aussi ce que j'ai appelé il y a un moment l'humus inchoactif du sujet duel) un souvenir impromptu, etc., un bruit qui n'est là que pour adoucir la souffrance qu'est indissolublement le plaisir de voir – muet – (la jouissance ?) des formes et des couleurs sur la toile assemblées. Ou encore ce « bruit visuel », presque rétinien, que j'ai dans l'œil quand je regarde des tableaux, en proie à cette rumeur de langage que j'ai dite et qui fait que, dans l'image regardée ici maintenant, glisse une autre, une autre encore, qu'elle convoque, malgré que j'en aie, et qui la brouillent cependant »... [1].

Le professeur (historien) : L'entretien est pourtant un « genre » ancien. Cependant, dès le XVIIe siècle, mais de façon remarquable aux XVIIIe et XIXe siècles, il semble avoir eu le privilège de recueillir le discours

1. L. Marin, *Détruire la peinture,* Paris, Flammarion, 1997, 1re édition Galilée 1981.

sur l'art, ou tout au moins un certain discours sur l'art. Il faudrait s'interroger sur les raisons, causes et motifs de ce privilège. Pourquoi le discours tenu à deux, le dialogue en forme d'entretien – qui est une espèce du genre dialogue dont il faudrait cerner la différence spécifique – est-il apparu la meilleure manière de « parler » des œuvres d'art ? Pourquoi à ces moments-là cette division de la parole ?

L'amateur : Visiter une exposition ou une collection, rencontrer un peintre dans son atelier, se promener dans un musée, flâner parmi les œuvres dans une galerie sont autant d'espèces de parcours physiques qui d'emblée supposent un rythme du corps et du regard, une démarche et un pas, dans des lieux où, temporairement ou de façon durable, des tableaux, des statues, des dessins se trouvent réunis et offerts à la vue. Or ces lieux où s'instituent salons, expositions, collections, galeries, musées pour réserver les tableaux, statues, dessins en une somptueuse autonomie, en une luxueuse suffisance, me paraissent exiger comme leur complément nécessaire, un discours « à propos » des œuvres, « sur » l'art, qui s'harmonisât avec la promenade, la flânerie, la visite, et leurs rythmes propres de parcours : un discours qui pût en accepter les surprises et les arrêts, les accélérations et les lenteurs, les hésitations, les dérobades ou les dérives, les ravissements immobiles comme les pas de côté, les sautes d'attention ou d'humeur, les fascinations, les stupéfactions comme les paisibles contemplations. Le dialogue, l'entretien, n'est-il pas de toute évidence la forme de discours la plus appropriée à ces visites et à ces promenades, au moins pour dire les surprises, se confier les ennuis, rompre les distractions ?

Le sémiologue (un peu linguiste) : Il est vrai que la diversité contrôlée de la forme dialoguée, la variété mesurée de la parole d'interlocution répondaient en un sens aux exigences des parcours dans les « institutions » d'art, à la variété de leur présentation des œuvres comme à la diversité des modes d'attention que ces œuvres demandaient de leurs spectateurs. De plus, en répartissant l'énonciation du discours sur l'art entre deux *personae*, en divisant l'interlocution en deux acteurs de discours à expression distincte, l'auteur, l'écrivain de ce propos, l'engageait comme nécessairement dans un débat, une discussion au terme de laquelle même les accords les plus péremptoirement affirmés se trouvaient obéir à des justifications ou à des explications sinon contraires, du moins différentes. L'entretien institue ainsi un théâtre de discours qui, en dramatisant les positions de discours sous des masques divers, en déplace évidemment les thèses les plus fermes et en fait trembler les certitudes.

Le professeur (historien) : Assurément, l'entretien en son discours est de l'ordre de la conversation et non de ces institutions discursives que sont la *disputatio* universitaire ou la conférence publique suivie d'un débat, ou encore le dialogue philosophique, genre arrêté, daté et incertain. L'entretien est bien un discours de conversation sur et à propos de l'art et c'est sans doute ce qui fait sa secrète faiblesse du point de vue sinon de la science, du moins de la connaissance, ou simplement du savoir.

L'amateur : Certes, l'entretien est une conversation, mais point à bâtons rompus, comme on dit, et qui tourne vite aux fadaises et aux banalités, c'est une conversation dont les thèmes renouvelés à la mesure de la démarche du pas et du parcours seraient les regards successifs portés à des objets, à des œuvres qui n'ont d'autre fonction que d'être donnés à voir, à des regards dont il s'agirait de faire passer au langage les savoirs, les émotions et les plaisirs. C'est ce passage au langage des passes et passages des regards qui fait la conversation de l'entretien.

Le sémiologue (un peu sémanticien) : Mais c'est un passage conventionnellement obligé puisque les regardants (comme disent les Italiens), étant deux et s'accompagnant l'un l'autre dans le même parcours, ouvrent à un langage partagé le double silence de leurs regards et la double solitude de leurs pensées. Il y a ainsi dans l'entretien d'art non seulement passage au langage, mais passage au partage de langage : il est dès lors impossible – mais au nom de quelle norme obligatoire, au nom de quelle règle contraignante ? – pour l'un et pour l'autre de s'enfermer dans l'idiolecte de l'impression, dans le langage privé de l'affection. Il s'agit pour le discours, comme le dit si bien Damisch, de prendre langue avec l'œuvre d'art...

Le professeur : L'expression dans son sens primitif signifiait, à la fin du XVIIIe siècle – qui est justement le début de la belle époque de l'entretien d'art –, aller aux nouvelles, s'informer, entrer en pourparlers. Soit, dans le Dictionnaire de l'Académie, cet exemple : « On envoya en avant des gens pour prendre langue »...

Le sémiologue (quelque peu philologue) : Mais, à l'inverse, prendre langue pourrait s'entendre de l'œuvre d'art, de l'œuvre de peinture, et signifier « avoir quelque rendez-vous de langage, entrer en pourparlers avec le discours...»

L'amateur : « Pour parler », le mot est plaisant pour ce qui est de l'art, car il supposerait dans l'œuvre muette, par définition – la peinture, poésie muette, disaient les Anciens –, une intention de parole, un désir de discours, un *Sprachewollen* qui serait comme l'envers du *Kunstwollen* de son créateur. Prendre langue du discours à l'œuvre, de l'œuvre au discours, de l'un à l'autre et inversement : s'ouvre ainsi l'espace de l'entretien où à mon tour, pour faire le linguiste, je soulignerai l'« entre » de l'entre-tenir, l'espace d'un intervalle.

Le professeur (philosophe) : Un intervalle dont deux personnages occuperaient chacun un bord en s'entretenant l'un l'autre et faisant naître dans ce partage et ce soutien mutuel, ce « tenir à deux » du discours, l'œuvre au langage et le discours à l'œuvre, un nouvel « objet » de langue et de regard, un hybride de l'entre-deux, voire un monstre où précisément, inversant leurs destinations propres, le langage montrerait et l'image signifierait...

Le professeur (historien) : Certes, la société et la culture investiront sur l'entretien d'art leurs valeurs historiquement déterminées : didactisme quelque peu raisonneur chez Félibien, bon air et mondanité chez Bouhours ou Méré, élégance esthétisante chez de Piles, finesse matoise et retorse chez Perrault, etc., mais ces caractérisations sont trop rapides pour être exactes, trop circonstantielles à notre propos d'aujourd'hui pour être suffisamment précises. Discourir sur l'entretien d'art ne peut relever que de ce qui constitue l'entretien ou la conversation en général, et des qualités qui lui sont inhérentes : ainsi, par exemple, la remarque faite à l'instant sur les « circonstances » historiques et sociales de l'entretien d'art en France aux XVIIe et XVIIIe siècles, les relations de concomitance qu'il a incontestablement avec l'art mondain et élitiste de la conversation aristocratique, avec le langage des salons, etc., exige toute une recherche, un ensemble de lectures et d'analyses qui ne saurait apparaître telles aujourd'hui dans notre entretien dont l'objet – ou le thème – donné initialement était de s'interroger sur les conditions de possibilité et les règles opératoires de l'entretien d'art.

Le sémiologue (un peu pragmaticien) : La remarque est d'importance. Par qualités inhérentes à l'entretien en général, il faut entendre, je pense, des principes et maximes très voisins de ceux que Grice, par exemple, a proposés avec ses « implications conversationnelles » : principe de coopération, maximes d'informativité, de sincérité, d'à-propos, de clarté et de netteté, etc. Il faudrait ici souligner que l'entretien d'art, pour obéir à la fois aux contraintes implicites et circonstancielles (historiques, sociales) de son objet (c'est-à-dire des œuvres d'art rassemblées et offertes gracieusement au regard dans leur autosuffisance « artistique » en des lieux institutionnellement consacrés à cette exhibition) et pour répondre également aux exigences elles-mêmes historiquement et socialement déterminées d'un dialogue de parcours d'ensembles d'œuvres et de la mise en langage des impressions, sensations, pensées, affects, jugements qu'elles suscitent, il faudrait ici souligner, dis-je, que l'entretien d'art demande, pour être réussi, pour trouver sa « félicité » spécifique, un certain type d'informativité, de sincérité, d'à-propos, de clarté entre les deux interlocuteurs...

L'amateur : Point de pédantisme, une incompétente compétence ou plutôt une très compétente incompétence, tout ce qui sépare le goût de la cuistrerie, une légèreté attentive, une gratuité sérieuse, une distance prise sur l'émotion, un retrait marqué sinon sur le plaisir du moins sur la jouissance, tout ce qui sépare le regard amateur de l'enthousiasme naïf, l'acceptation de la digression (contrôlée), de la dérive (négociée), de la rupture de ton (calculée), de tous les écarts, mais jusqu'à un certain degré seulement (comme Pascal le disait de la force d'esprit de l'athéisme libertin), le refus de la confusion ou de la prolixité, le goût d'une certaine clarté et d'une certaine netteté qui sauraient admettre – jusqu'à un certain point – l'obscurité expressive ou l'ambiguïté provocatrice...

Le sémiologue (quelque peu pragmaticien) : En vérité, il peut sembler, à lire des entretiens de jadis ou à entendre certains de ceux d'aujourd'hui, que la conversation « fictive » devant les œuvres demanderait pour sa « félicité » (son bonheur) – ou son acceptation -, l'introduction d'un méta-principe dans l'entretien qui réglerait l'application de ses principes et la mise en œuvre de ses maximes, mais à leurs limites, à leur extrême, à leur comble, ce qui, précisément aux XVIIe et XVIIIe siècles, se nommait le « je ne sais quoi », et qui est apparu dans notre discours avec les inflexions que nous avons simplement suggérées des implications conversationnelles de Grice, « un certain type d'informativité, de sincérité... un certain degré »... ou encore les quasi-oxymores : « légèreté attentive », « gratuité sérieuse », « compétente incompétence »...

L'amateur : Il est vrai que le « je ne sais quoi » est aujourd'hui comme jadis le maître mot et le principe même du discernement esthétique : il signale, explicite ou implicite, dans les discours sur l'art et ses œuvres, la différence décisive qui, pour l'œil singulier, extrait d'un ensemble d'objets comparables l'individu qui, en fin de compte, ne peut leur être comparé...

Le professeur (philosophe) : Une « fin de compte » qui est, en fait, infinie, puisque le discours n'en finira jamais d'approcher l'ultime, la dernière différence, celle qui fait de cet objet, de cette œuvre, un véritable, un absolu « individuel ». De ce point de vue, qui est celui d'une logique plus que d'une économie de la différence, tout objet, le plus banal, le plus courant, toute œuvre la plus stéréotypée est en quelque façon un individu qu'une dernière, qu'une ultime différence rend singulier. Le discernement esthétique dont nous venons d'évoquer la notion exige plus que la simple découverte d'une ébréchure dans cette tasse produite à des milliers d'exemplaires sur le même modèle. Encore faut-il qu'entre ce trait de singularité, ou plutôt la série jamais close – dans le discours – des différences sans cesse plus fines, et l'œil qui s'en saisit ou plutôt qui s'y engage, encore faut-il qu'entre le procès de la différenciation au terme infini duquel l'individu tend à apparaître dans sa singularité et le mouvement du regard qui, « broutant la surface », recueille les différences, encore faut-il qu'entre l'un et l'autre se noue une secrète complicité, une mystérieuse connivence, l'accord d'un désir et de son accomplissement de plaisir ; et sans doute la jouissance, proprement esthétique, prise par l'œil dans l'œuvre, par ce regard singulier dans cet objet-ci qui lui promet d'être incomparable à tout autre, n'est-elle jamais que le retardement infini de cet accord, le suspens toujours creusé de cet assouvissement et dont la marque la plus évidente est la chute du discours dans le silence ou sa précipitation dans les banalités, les évidences ou peut-être dans l'expression d'un « je ne sais quoi ».

L'amateur : Ainsi peut-on entendre le mot de Stendhal : « La beauté est promesse de bonheur ». On devrait ajouter que, si l'œuvre d'art qui arrête le regard, qui l'attache sans le stupéfier, lui promet d'être incomparable, on peut penser, et c'est là un fait d'expérience, celui du visiteur, du promeneur, du flâneur « d'art », que l'œuvre de son côté attendait de ce regard-ci et de nul autre qu'avec la reconnaissance de sa propre différence il s'éprouvât infiniment, absolument singulier.

Le professeur (philosophe) : Le « je ne sais quoi » de Bouhours et de Méré au XVIIe siècle, celui du discours de critique d'art du XVIIIe ou du XIXe siècle, formaliserait, en n'en disant rien – sous la forme d'un principe d'incertitude discursive -, la promesse de bonheur que se proposent l'une à l'autre l'œuvre et le regard. Mais il faudra Pascal avec l'esprit de finesse et Leibniz avec la notion d'infini actuel pour en donner la théorie ou la quasi théorie anthropologique et métaphysique, ou Kant, mais selon d'autres modalités de pensée, dans la troisième *Critique*.

Le sémiologue (quelque peu pragmaticien) : Le « je ne sais quoi », dans le contexte qui peut être évoqué (ou le sublime dans un autre), nommera donc la limite d'application et de fonctionnement des implications conversationnelles – principe et maximes de Grice, pour aller vite – dans l'« entretien » d'art, dans la conversation fictive devant les œuvres d'art, sur elles, à propos d'elles. Ou, pour le dire autrement, l'entretien d'art – ce discours tenu à deux sur, à propos, devant les œuvres – constituerait la limite de l'entretien en général, son « extrême », son comble. Il opérerait l'affolement, l'excès interne de toute conversation. Et, si cette fonction « sublime » lui est dévolue, c'est parce que son objet est l'art et ses œuvres.

Le professeur (historien) : Ces remarques renvoient précisément à la raison historique et sociale de son apparition en certains temps et lieux de l'histoire et de la culture européennes, les moments et les lieux où l'œuvre d'art « s'autonomise » comme telle, où elle conquiert sa suffisance ontologique et esthétique, où elle se présente comme cet objet dont l'unique, la très singulière fonction, est d'être contemplé, en vue ou dans la perspective d'un certain plaisir.

Le sémiologue : A quoi s'ajoutera cette autre raison, elle aussi d'ordre historique, qu'en certains moments et certains lieux l'œuvre d'art, dans son mouvement d'« autonomisation », demande un discours qui la reconnaisse telle, c'est-à-dire comme œuvre d'art, comme si l'autosuffisance de l'œuvre ne pouvait effectivement s'accomplir, se réaliser, sans un discours qui l'affirmât, ne serait-ce que par son expression même.

L'amateur : Certes, mais pourquoi dialogue ? Conversation ? Entretien ?

Le professeur (historien) : En effet. A prendre l'exemple du XVIIe siècle français, ce sont les Conférences de l'Académie royale de peinture qui ont marqué, dans le champ du discours sur l'art, les débuts de la libéralisation de la peinture, je veux dire son accès au rang des arts libéraux, ce qui était incontestablement une étape essentielle de l'autonomie de l'art et de l'autosuffisance de l'œuvre, quelles qu'aient été par ailleurs les contraintes du pouvoir sur l'art et les artistes.

Toutefois, dès 1666 Félibien écrit les *Vies et les ouvrages des plus excellents peintres anciens et modernes* sous la forme d'*entretiens sur...*, choix qu'il justifie dans sa Préface.

Félibien (critique d'art et historien de l'art) : « Cette grande estime que j'avais pour ces beaux Arts, fit qu'étant de retour en France, j'employai les heures de mon loisir à mettre par écrit ce que j'en avais appris et à ranger sous quelque ordre les observations que j'en avais faites ; et c'est sur ces remarques que j'ai établi les principaux fondements de cet Ouvrage. Mais ayant jugé que, pour mieux donner connaissance de la Peinture aux Gens de Lettres aussi bien qu'à ceux qui veulent en faire profession, il fallait parler des Peintres et de leurs Tableaux, j'ai cru devoir faire des entretiens familiers dans lesquels on pût apprendre ce qui regarde les vies de ceux qui ont été les plus célèbres, et où en rapportant quelques-uns de leurs Ouvrages j'eusse lieu de faire remarquer tout ce qui appartient à l'excellence de cet Art ».

Le sémiologue : L'entretien est ainsi le

moyen didactique par excellence pour faire connaître la peinture au public cultivé comme à ceux qui ont l'intention d'en faire leur métier : il est la forme littéraire qui fait le mieux « passer » le traité de théorie comme l'ouvrage d'histoire de l'art, c'est-à-dire, pour citer Pascal citant Montaigne, celle qui est « le plus d'usage, qui s'insinue le mieux, qui demeure plus dans la mémoire et qui se fait le plus citer », manière d'écrire « toute composée de pensées nées sur les entretiens ordinaires de la vie »...

Félibien (critique et historien de l'art) : « (...) en effet l'on ne peut mieux faire pour s'instruire dans cet Art [de peinture], que d'en parler souvent avec les personnes qui s'y connaissent. Et j'ai su de quelques-uns des plus grands Maîtres, qu'ils n'ont point trouvé de moyen plus utile pour profiter de leurs études, que de s'entretenir avec les plus savants (...) Je sais bien néanmoins qu'il [le dialogue] ne plaît pas à tout le monde, parce qu'il est souvent rempli de plusieurs discours qui s'éloignent du principal sujet et où l'Auteur, en pensant mieux marquer le caractère de la conversation, ne laisse pas d'ennuyer le Lecteur qui ne cherche qu'à s'instruire promptement de ce qu'on promet de lui enseigner. Mais je sais bien aussi que quand on veut retrancher les choses inutiles et se renfermer dans son sujet, cette manière d'écrire est très propre pour traiter des Arts et des Sciences »...

L'amateur : A trop insister sur la valeur didactique de l'entretien, on risque, je pense, d'en oublier la qualité d'écriture qui lui est propre et qui n'est point de l'ordre du moyen rhétorique (celui de la conversation), mais d'une conversation « composée » qui vise, nous l'avons déjà dit, à donner l'illusion d'une conversation « réelle », d'une écriture de conversation entre l'argumentation souveraine du savant dans la conférence académique et les facettes et les éclats de l'homme d'esprit dans la *chiacchierata* mondaine...

Félibien : « C'est pourquoi (...) [j'ai] tâché, autant que j'ai pu, de ne faire point trop d'interruptions par des demandes et des répliques, qui est la seule chose à mon avis qui ennuie le plus, et qui peut avoir rendu les Dialogues moins agréables à quelques-uns. (...) Je ne sais pas si mon dessein sera approuvé de tout le monde, mais pour qu'il en soit mieux reçu j'ai mêlé parmi les préceptes de l'Art d'autres discours divertissants, afin que les Gens de Lettres ne se lassent pas, et que les Peintres ne croient pas aussi que j'affecte trop de vouloir donner de continuelles leçons. »

Le professeur (philosophe) : L'entretien, dès lors, surtout celui qui n'est pas le simple enregistrement d'une conversation, l'entretien écrit dans sa fiction de spontanéité, met en question l'auteur, non seulement la notion d'auteur mais l'auteur qui l'écrit, qui le fictionne.

L'amateur : « En question »... sans doute est-ce trop dire. Il le met en suspens, en vacance, en état de syncope. Mais non point par l'inscription d'un blanc dans le texte, par interruption ou fragmentation. C'est plutôt l'inverse qui se produit : par la multiplication des points de vue, par l'occasion répétée de la digression et du divertissement, par l'espacement des questions et des réponses, comme par la variation du rythme d'écriture selon les parcours de l'œil et du corps. Même dans la forme de la conversation à deux, de petits auteurs à peine marqués, des *personae* à existence textuelle éphémère, apparaissent ici ou là dans les promenades dans l'art, les livres, les images, les textes qu'un entretien est toujours.

Le professeur (plutôt sociologue) : Le recours parfaitement pertinent à la forme littéraire, au genre ou sous-genre de l'entretien, forme ou genre historiquement repérable qui met en état de flottement l'auteur en faisant bouger son profil dans les successives silhouettes des deux interlocuteurs, ne doit pas nous dissimuler une autre fonction de l'entretien-conversation aujourd'hui, celle de se substituer au livre ou à l'article au nom de l'instantanéité, de l'immédiateté, de la rapidité, pour ne pas dire de la vitesse de la publicité de pensée, comme s'il y avait court-circuit entre idée et signe, production et réception, au point que le signe est moins le signifiant de l'idée que son signal, un signal qui souvent la précède au lieu de l'annoncer, et que la réception anticipe la production. Cette fonction relèverait plutôt de ce qu'on pourrait appeler la paresse d'auteur, caractéristique des médias contemporains :

lointaine imitation des « gens de lettres » (dont nous parlait André Félibien il y a un moment), public cultivé de « non-professionnels », qui ne savent pas écrire mais qui parlent avec aisance et tiennent un discours qui est d'abord une parole élégante et assurée des certitudes du « monde » qui juge bien des choses et des hommes. Il y a dans l'entretien médiatique, radiophonique ou télévisé une mise en vacance de l'auteur-écrivain par paresse d'écriture qui revêtirait une sorte d'*acedia* d'auteur, la plus noble de mélancolie, d'autorité, d'apathie ou d'exténuation productrice fin-de-siècle et, dans son revers le plus vulgaire – mais un revers qui est en vérité son endroit le plus visible –, un évitement des lenteurs de l'écriture, de son travail critique et créateur sans doute interminable, de la fatigue de penser et d'écrire au profit d'une parole bavarde et d'une image multiple sans feu ni lieu, sans foi ni loi.

Le professeur (philosophe) : De cet extrême contemporain témoignerait cette pensée de Pascal qui, il est vrai, a valeur dans un autre champ que celui de nos propos : « Nous avons fait l'uniformité de la diversité, car nous sommes tous uniformes, en ce que nous sommes tous devenus uniformes ».

DE LA RÉCAPITULATION

Pascale Cassagnau – *Opacité de la peinture*[2] semble constituer une synthèse récapitulative de votre travail. Quelle place occupe cet essai au sein de votre œuvre ?

L.M. – Il est très naturel que vous évoquiez de cette manière le dernier livre paru à cette heure. Toutefois, un autre va paraître très bientôt[3] qui transmettra lui aussi dans ses lignes le sentiment d'un bilan ou d'une synthèse. Grâce à vous et à votre question, j'en viens à me demander si depuis quelques années chacun de mes livres ne porte pas avec lui – plus pour le lecteur que pour moi – ce sentiment de récapitulation.

J'ai eu la curiosité de ce mot. Peut-être parce qu'il n'est que l'intensif de « capitula-

2. L. Marin, *Opacité de la peinture*, Paris, Usher, 1989.
3. L. Marin, *Lectures traversières,* Paris, Albin Michel, 1992.

tion », ou sa répétition. Un livre-récapitulation serait donc un livre qui insisterait sur sa propre reddition à l'ennemi, ou celle de son auteur. Mais quel ennemi, sinon la fin, la mort ? Un livre qui porterait l'obscur pressentiment qu'après lui, il n'y en aurait plus d'autre, que cette phrase qui le conclut serait la dernière à être écrite, ce mot, le « dernier mot ». Aussi, et à l'insu même de son écrivain, se chargerait-il de tout le poids de sens, de savoir, de désir, de rêves qu'il serait susceptible de porter puisque, après lui, rien.

Au fond, c'est cela que re-capitulation voudrait dire, quoique le terme dissimule cette (impure ou excessive) origine sous l'acception juridique de la « capitulation », convention qui règle la reddition d'une place, d'une forteresse (en l'occurrence, celle d'un livre, d'une phrase, d'un mot, d'un sujet, moi) ou qui assure aux sujets d'une puissance quelques privilèges dans les Etats d'une autre puissance (ce livre dans le monde extérieur du « public », son écrivain dans l'au-delà où les sujets-auteurs ne sont plus que des ombres grises, des spectres de papier).

Mais re-capitulation est aussi un terme de rhétorique, partie de la péroraison qui consiste en une énumération courte et précise des points sur lesquels on a le plus insisté dans le discours afin de faire une dernière et vive impression sur l'auditeur, un moment qui recueille en peu de mots, comme l'écrit Fénelon, « toute la force de l'orateur », qui la recueille comme son dernier souffle, qui lui re-donne pour un temps un bref éclat de sa puissance.

Re-capitulation : dans le mot il y a bien sûr *capitulum*, « chapiteau » (de colonne), « chapitre ou division d'un ouvrage, article ou titre d'une loi », et, sans doute, rubrique d'un sommaire, élément d'une table des matières, d'où le sens de résumé du corps du discours en sa fin, à son terme, en ses plus essentielles parties, qui leur donne un ultime éclat avant le silence. Mais d'abord, et primitivement, *capitulum* est une petite tête (ne dit-on pas « tête de chapitre » ?) : re-capituler signifierait, en fin de compte de discours et d'écriture, l'offrande au lecteur, à l'auditeur, d'un panier de petites têtes coupées du « corps » du discours, du livre, avant de couper définitivement la voix, de suspendre la parole, d'arrêter l'écriture à sa fin. Tel est donc peut-être toujours le « dernier » livre, une ré-capitulation de lui-même, des livres qui l'ont précédé et qui lui sont liés par le lien, si fragile et si fort à la fois, d'un nom identifiant leur écrivain dans une incertaine identité.

Opacité de la peinture, une récapitulation ? Pourquoi pas, si vous, qui êtes une si bonne lectrice, avez eu ce sentiment ? *Opacité de la peinture* porterait donc un effet de ré-capitulation. J'en conviens aujourd'hui avec vous, quitte à démentir tout ce que je crois savoir, comme son auteur, sur les circonstances de sa conception et de sa naissance. « A l'origine », en effet, le livre devait être une traduction italienne de *Détruire la peinture*. Je suggérai aux éditeurs de réunir quelques articles ou études, pour certains difficiles d'accès, et d'en faire un ouvrage nouveau. Des circonstances d'ordre financier ont voulu que l'éditeur italien devînt éditeur français, la *Casa Usher* la « Maison » du même nom, et que l'ouvrage-recueil à traduire en italien restât dans sa langue d'origine, le français. Mais, de cette primitive destination italienne, je décidai de marquer un trait en ne réunissant dans l'ouvrage que des études ayant pour objets particuliers des œuvres, de grandes œuvres, du Quattrocento italien : de Signorelli à Lippi, d'Uccello à Piero ou Fra Angelico. La plupart de ces textes ont été écrits entre 1981 et 1986 et tous étaient, comme on dit, de circonstance : pour un numéro de *New Literary History* [4] en 1982 consacré à « la littérature de la Renaissance et la théorie contemporaine » ; pour un colloque du Centre de sémiotique de l'université d'Urbino sur le décor et l'ornement en 1981, je crois, ou encore pour celui tenu à Anghiari sur « Piero teorico dell'arte », [5] etc. Si geste de synthèse ou de récapitulation il y a, il se produisit lors de la décision de réunir dans un même ouvrage ces textes-là et non pas d'autres, et sous ce titre là et non un autre : décision

4. L. Marin, « The Iconic text and the Theory of Enunciation : Luca Signorelli at Loreto (1474-1484) », *New Literay History*, vol. XIV, n°3, university of Virginie, 1983.

5. « La théorie narrative et Piero, peintre d'histoire », *Piero Teorico dell'Arte,* éd. O. Calabrese, Gangemi, Rome, 1985 ; repris dans *Opacité de la peinture.*

prise en 1987 avec mon ami Omar Calabrese, professeur à l'université de Bologne, décision déplacée de l'Italie à la France en 1988.

Toutes ces remarques un peu fastidieuses sur la « biographie » d'un livre n'ont d'autre sens que d'interroger votre question sur *Opacité de la peinture* comme synthèse récapitulative de mon travail. J'inclinerai donc à vous répondre « non », et cependant à accepter votre sentiment ou pressentiment – au moment où vous me l'avez posée –, que ce livre est bien une telle récapitulation, ne serait-ce parce que, lectrice de ce livre-là et de ceux qui l'ont précédés, vous avez tous les droits.

Ré-capitulation, recueil de *capitula*, d'articles ou de petites têtes ; récapitulation, capitation : une récapitulation serait ainsi une collecte de capitations, de taxes ou d'impôts prélevés par têtes ou titres de livre, titres ou têtes de chapitre. Récapitulation, décapitation : collecte, prélèvement qui consisterait donc, pour être au plus près de l'étymon *caput,* à incessamment décapiter l'œuvre d'écriture dans la multiplicité et la diversité de ses corps, l'article pour *New Literary History*, la communication d'Anghiari, etc., pour remplir de ces petites têtes (de ces têtes réduites comme celles que l'on peut voir dans les musées d'ethnographie) le panier d'un imaginaire bourreau qui, pour ce cas précis, serait l'« auteur » de cette œuvre, son écrivain, suppliciant allègrement son œuvre pour en présenter quelques têtes à son public dont il se *rendrait*, pour la dernière fois, aux exigences de lecture ; ultime capitulation...

Cette dérive que votre question a provoquée vers *caput*, *capitulum*, capitation, décapitation, capitulation, à partir de la récapitulation dont vous avez ressenti l'activité quelque peu testamentaire dans *Opacité de la peinture* me fait découvrir que la dernière pièce du livre, sa dernière « tête » de chapitre, son dernier mot, concerne le parcours d'une tête coupée, celle de Jean le Baptiste dans la fresque de Lippi à Prato, tête présentée sur un plat nommé *pinax* dans le texte grec de l'Evangile de Marc qui signifie plat, plateau, table, tableau, plat-tableau qui, dans l'histoire de Zacharie, père de Jean, est la tablette d'écriture sur laquelle le père miraculeusement muet écrit le nom « Jean » à donner au nouveau-né. Premier mot et dernier mot, le nom originaire (il signifie « Yahvé-est-favorable ») et la tête de la fin, entre tablette et plat (il est « servi » au banquet d'Hérode)... Se pourrait-il donc qu'à la faveur de votre question une tête, une certaine tête coupée dans une fresque du Quattrocento et dont la danse m'avait fait écrire un texte dont cette tête était le titre, se pourrait-il que cette tête mise dans le panier de la ré-capitulation, la dernière à y être placée parmi les autres *capitula* qui, avec elle, font de ce livre un récapitulatif, se pourrait-il que cette tête coupée du dernier prophète, un peu Gorgone entre Judith et Salomé, signifiât le livre, ses six chapitres, se signifiât donc elle-même, comme en abyme, sans que l'auteur, l'écrivain, le sujet, moi en un mot en 1987-1988, en ait rien su, offrant par là à la lectrice divinatrice et exigeante que vous êtes un exemple « en acte » d'opacité – opacité, ce terme qui titre le livre, un livre consacré à la peinture, mais qui, en cette secrète occurrence, serait constitutive du texte d'un livre et de son écriture ?

DE L'OCCASION OU L'INFINI DU TEMPS

P.C. – Ce que vous venez à l'instant de dire est à l'exemple de vos textes : comme votre réponse, ils produisent véritablement une sorte de vertige. Dans *Opacité de la peinture*, il y a non seulement l'histoire de Salomé à laquelle vous venez de donner une nouvelle torsion, mais aussi les pages que vous consacrez à Paolo Ucello. Cette configuration abyssale est-elle un effet de votre système d'analyse qui implique un processus d'infinitisation du sens, ou est-elle un effet de la peinture elle-même ?

L.M. – C'est vraiment votre remarque sur la récapitulation qui a été l'heureuse occasion de cette reprise de l'histoire de Salomé ici maintenant. Occasion, *kairos*, disaient les Grecs, un très fascinant et très mystérieux mixte de hasard et de nécessité, de *tuchè* et d'*automaton*. Ainsi les motifs du bilan, de la synthèse, de la reddition de comptes, du dernier mot, de la clôture, qui animent le thème de la récapitulation, non seulement peuvent mais doivent quelque part se conjuguer avec ce que vous nommez fort bien le processus d'infinitisation du sens, qu'on pourrait appeler aussi sa « prolifération », pour marquer cette idée que le sens n'est pas seulement une « idée », mais un affect, le pathos du signifiant dans l'univers des signes et des formes, une passion ; non seulement un contenu de connaissance mais une « affection » du langage ou de l'image pour ne pas dire leur « infection », son interminable voyage, son exil.

Ce processus d'infinitisation ou de prolifération que vous avez si finement repéré n'est pas un effet de mon système d'analyse. Je n'ai pas de système d'analyse dont je serais l'architecte, le mécanicien et l'instance de contrôle. Je dirais plutôt l'inverse : écrivain écrivant, poussant par hasard et nécessité sa plume sur la page comme besogneux vilain son araire dans son champ, je suis saisi par ce processus à mon corps défendant et entraîné par lui – hasard et nécessité – à écrire. Processus de prolifération ou d'infinitisation qui se configure dans l'écriture en « structure » abyssale et me configure par là même en « sujet-précipité » dans ces tours et retours, ces incessantes torsions comme le parcours des cercles de l'Enfer chez Dante. Et dès lors vous avez tout à fait raison de dire que cette configuration abyssale est un effet de la peinture elle-même – couleurs, formes et figures – ou du texte – voix, paroles, discours.

P.C. – De façon moins imprudente peut-être que tout à l'heure avec ma double question en forme disjonctive, disons que votre méthode d'analyse vous la trouvez dans les œuvres et vous la réinventez en même temps. Il n'y aurait pas d'un côté un *corpus* d'œuvres et de l'autre un mode de lecture, mais une rencontre au cours de laquelle s'inventent à la fois et l'œuvre et le mode d'analyse.

L.M. – La formulation est bonne en vérité, avec le terme « rencontre » qui conjugue dans la notion d'occasion hasards et nécessités de voir, de sentir, de penser, d'écrire ou de peindre. Seulement peut-être encore trop contrôlée, trop maîtrisée dans et par l'instance d'un sujet. Si, il y a un instant, j'ai insisté sur l'idée d'une passion du signifiant qui serait interminable voyage du sens, son douloureux roman d'apprentissage dans le monde, le réel, c'est-à-dire l'insensé, comme aussi bien dans les systèmes où le réel est toujours déjà articulé, il faudrait, à travers l'idée de la rencontre évoquer, simplement évoquer, ou invoquer, le moment de grâce, l'extrême pointe d'un présent qui point, un rien, comme les Grecs disaient de la *stigmè*, de la piqûre, cet infime qui serait, un instant, le présent de l'infinité de la vérité, de la beauté, de la bonté, non plus le mauvais infini de la répétition indéfinie du sens, de la passion interminable du signifiant, de la prolifération, mais l'infini actuel présent dans le plus infime des êtres, des moments, des lieux et des choses, mais qu'il faudrait une infinité de vies pour dire, écrire ou même seulement penser.

P.C. – Un des thèmes privilégiés dans votre travail est ce qui, dans les systèmes symboliques, constitue les bords de l'image, ces zones « parergonales », comme dirait Derrida, ces infimes espaces de passage ou de jonction entre illusion et réflexivité, entre illusion et réel, lorsque la peinture convoque le réel ou se cite en se retournant sur elle-même. La peinture comme un gant retourné : cette figure récurrente n'est-elle pas systématique, ne fait-elle pas système ?

L.M. – L'infime, l'infinité du passage entre illusion et réel... Convocation du réel, dites-vous, et ce geste qui est d'emblée invocation et qui me paraît essentiel *à toute rencontre*, à toute occasion et qui creuse l'abîme en donnant lieu au vertige de la ré-flexion : *se retourner.* Ce n'est pas parce que toute rencontre implique dans l'après-coup de son présent, de la *stigmè* de son présent, un retournement, que toute occasion n'est à jamais pensable que dans son effet de conversion, ce n'est pas parce qu'il y a retour ou reprise d'un geste qu'il y a système, parce que ce geste est à chaque fois singulier, incomparable, absolument différent.

On peut essayer de raconter une rencontre seulement, une occasion, l'infini impensable de l'infime. On peut essayer de raconter la rencontre avec le premier venu, le moment, l'instant du croisement entre deux passants. Il y aura alors toujours l'éclair d'un regard, « un bref éclair aigu qui blesse », comme l'écrit Ernst Bloch, *Augenblick*, presque rien. Et cependant, pour qu'il y ait rencontre, il faut que chez l'un, l'autre ou les deux, mais à l'insu de chacun, cet éclair laisse une trace – la blessure dont parle Bloch –, une résonnance comme un écho, trace, blessure, écho qui, chacun à sa façon, selon leur modalité sentimentale propre, désigne la rencontre comme essentiellement manquée. C'est là, dans ce manquement à soi, le moment de la grâce, sa plénitude. Ainsi arrivera-t-il souvent, ainsi arrivera-t-il toujours, dans une contingence chaque fois fortuite, singulière, et toutes les fois nécessaire, qu'un des deux protagonistes de la rencontre – qui n'en deviennent les acteurs, on l'aura compris, que dans ce bref instant – se retourne après le passage de l'autre. Pourquoi ? Est-ce pour apercevoir cette silhouette sans visage, ce « dos » s'éloigner de lui, à pas pressés parmi les passants ?

Il faut penser mais sans nulle certitude, comme une simple « imagination », qu'un moment, dans l'éclair d'un regard, un « possible » inconnu a tressailli – une grâce sensible, comme disaient les spirituels -, qui, déployé longuement dans une existence, aurait révélé une vérité, (mais peut-être l'a-t-il révélée ?), une vérité singulière, inouïe. « Se retourner » après la rencontre, dans ce geste qui pourtant la constitue aléatoirement dans la nécessité de son essence, cette « conversion » de l'un vers l'autre qui l'indique comme l'infiniment désiré et déjà perdu, est la manière de désigner, dans la forme du temps, dans l'infinité prosaïque de ce geste, et comme « négativement » dans le manque et la perte, l'actualité infinie de bonheur. L'un se retourne sur l'autre ou sur le passage de l'autre. L'un tourne le dos, un instant, le moment de son retournement, de sa « conversion », à son futur, à son avenir pour, immobile, arrêté, voir l'autre, de dos, marchant à pas pressés vers le sien, un futur qui, pour lui immobile, était, il y a un instant, juste avant la rencontre, son présent et qui est, maintenant après, son passé, un passé où jamais il ne reviendra. L'un est face à un dos, le dos de l'autre qui est maintenant face à quoi ? A ce que l'un ne peut voir car l'autre le cache en s'éloignant...

Telle serait l'étrange structure temporelle de l'occasion – rencontre et retournement – où s'inscrirait l'infini du sens. J'imagine encore que c'est un instant de cette nature qu'évoquait Massignon, dans la pensée islamique, le surgissement de la causalité divine dans son efficience actuelle, « clin d'œil, annonce laconique d'une décision judiciaire de Dieu, conférant à notre acte naissant son statut (*hukm*) qui sera proclamé le jour où l'on entendra la Clameur de justice ». Unique instant parfait alors, se suffisant à lui-même, « l'Heure, celle du Jugement dernier, sommation finale des statuts de toutes les responsabilités encourues » à chaque rencontre, ajouterai-je ; moment dernier de la récapitulation finale de toutes les rencontres, de toutes les occasions qui, bien entendu, ne pouvaient qu'être manquées. La vérité, la justice, la beauté, la bonté, le bonheur en un mot, à la rencontre du premier venu. Grâce du sens, grâce infinie du sens. Il l'a entrevue le temps d'un clin d'œil ; il se retourne sur son passage. Il est venu désormais, car elle emporte avec elle tout le présent possible vers son passé. Il est passé, seulement marqué du sceau indélébile de la rencontre qui a eu lieu, cette rencontre que le premier venu, un instant distingué par le passage de l'autre sur lequel il se retourne, oublie pourtant le plus souvent quelques minutes plus tard, quelques mètres plus loin, mais dont la marque – à son insu – à jamais le désigne responsable.

C'est ainsi qu'il m'arrive aussi de lire ce fragment de Pascal : « Ce n'est point ici le pays de la vérité, elle erre inconnue parmi les hommes. Dieu l'a couverte d'un voile qui la laisse méconnaître à ceux qui n'entendent pas sa voix...», que je complète aussitôt par cet autre : « *Ubi est Deus tuus* ? Les miracles le montrent et sont un éclair ». Comment écrire à la fois cette errance et cet éclair ? Le voile et l'éclair nous ramènent à la question de l'opacité et de la transparence de la représentation.

DE L'OPACITÉ.

P.C. – *Opacité de la peinture* pourrait donc passer pour une récapitulation de votre travail. Vous abordez en effet, à propos de la peinture religieuse du Quattrocento, ce qui n'a cessé, tout au long de votre œuvre, de vous préoccuper : d'une part, une interrogation sur le « système » de la « représentation » classique – picturale ou textuelle – en corrélation avec votre livre de 1975 sur la *Logique* de Port-Royal [6] ; d'autre part, une interrogation sur la constitution de la théorie pouvant rendre compte de cette représentation. Votre dernier essai, qui s'inscrit dans une lignée de textes tels qu'*Opacité et Transparence* de Junod, *Les mots et les choses* de Foucault, ou *Transparence et énonciation* de Récanati, semble faire le point sur toutes ces questions. Votre livre a ainsi trois dimen-

6. L. Marin, *La critique du discours, sur la Logique de Port-Royal et les Pensées de Pascal,* Paris, Minuit, 1975.

sions ou trois registres : la description des œuvres et de leur rencontre avec les textes, les récits, les mots qui les ont suscitées et sur la lecture desquels elles réagissent ; l'interprétation de cette rencontre et de ce dialogue, démarche herméneutique si l'on veut ; et enfin une dimension « métathéorique » si l'on peut dire : *Opacité de la peinture* ne serait-elle pas une critique de la représentation ?

L.M. – *Opacité de la peinture* est sans doute un livre-récapitulation, puisque à la lecture vous l'avez senti tel, mais, en même temps, il fut pour moi une avancée importante dans la mesure où dans son titre j'ai tenu à inscrire le terme d'« opacité » qui avait pris valeur et puissance de concept pour moi *après* avoir écrit les six études que le livre recueillait et qui, cependant, en un certain sens, en visaient *virtuellement* la définition ou la construction en l'utilisant *pratiquement* comme instrument de description et d'analyse. J'ai aujourd'hui envie de dire que ce « concept », car je lui donne la dignité épistémologique de concept, « travaillait » mes recherches sur la représentation depuis le début, je veux dire *Etudes sémiologiques*, *Utopiques*, ou *La critique du discours*, mais qu'il n'a accédé à la « maturité » de concept qu'au moment où je réunissais les six études dans un livre et où, une fois la décision prise et le choix fait, il s'agissait de donner un « titre » à l'ensemble, de mettre une étiquette sur le panier des petites têtes : c'est alors que « opacité » s'est imposé à moi, comme si je l'avais attendu depuis toujours et spécialement dans mon travail sur l'art de peinture et ses œuvres.

Le déclic fut donné par le livre de Récanati, *Transparence et énonciation,* et particulièrement ses premières pages consacrées à Port-Royal, bien que les formulations ou reformulations de Récanati soient loin de donner aux concepts d'opacité et de transparence toute l'ampleur et toute la puissance qu'ils possèdent. Il se peut que le désancrage historique de ces concepts par rapport à Port-Royal et à l'âge de la représentation soient pour quelque chose dans l'affaiblissement de leur efficacité théorique générale. Il ne serait pas inutile de réfléchir sur l'apparent paradoxe constitué par cette rencontre de l'histoire et de la théorie, rencontre que tout mon travail depuis mes premiers livres n'a d'autre visée « métathéorique », comme vous dites, que d'expliciter, en particulier dans les voies ouvertes par Foucault avec *Les mots et les choses* (dont je noterai au passage que la préparation et la publication étaient à peu près contemporaines de mes premières recherches sur la *Logique* de Port-Royal).

L'opacité, donc. Pourquoi et comment relever en concept la valeur métaphorique, la suggestion « imaginale » du terme ? A ce titre, les premières pages d'*Opacité de la peinture* réécrites à partir de l'article de *New Literary History*, formulent, quoique très abstraitement (et cette abstraction initiale m'a été reprochée parfois avec une lourdeur et une hargne qui en disent long sur la position de l'histoire et de la théorie de l'art dans le champ intellectuel d'aujourd'hui) à la fois la signification théorique du concept d'opacité dans le champ iconique et son articulation historique dans une œuvre de la fin du Quattrocento, les fresques de Signorelli à Lorette. Toutefois, à les relire aujourd'hui, il est frappant que le terme « opacité » n'y soit pas prononcé. C'est dans la « quatrième de couverture » écrite au moment de la publication que, commentant le titre de l'ouvrage, je donne les définitions conceptuelles les plus explicites, en tentant de délier le « concept » de ses immédiates valeurs d'« image ».

Le terme d'« opacité » qui brille d'un éclat noir au titre de l'ouvrage ne renvoie pas, disais-je, à une ineffabilité supposée ou prétendue de la peinture qui est, soit dit en passant, la source la plus féconde en discours et bavardages sur la peinture, dans la mesure où, puisque la peinture ne parle pas, comme on le sait depuis Simonide, l'écrivain tente de dire et d'exprimer ce silence (ou ce mutisme) en un langage qui vise à laisser son lecteur sans voix ; et cela tantôt par une *dictio* aussi mystérieuse ou hermétique que la prétendue ineffabilité de la peinture (écriture « poétique » de la critique d'art), tantôt par un *flatus vocis*, une abondance de paroles dont l'apparente générosité n'a d'autre fin que de napper par des mots l'impression sensible de l'œil ou l'émoi pathique de la sensibilité qui restent nécessairement en deçà du langage. « Opacité » n'est pas manière de donner accès au langage, ce que Panofsky dans son célèbre modèle nommait le niveau pré-iconographique purement formel de l'analyse.

Mais « opacité » ne renvoie pas non plus à des énigmes d'ordre cognitif ou iconographique que comporterait la mise en peinture et en figure d'un « thème », récit ou allégorie, ni non plus, autre sorte d'énigme, à ce que Daniel Arasse a analysé avec autant de science et d'érudition que d'élégance et d'esprit, comme on disait au XVIIe siècle, sous le nom de « trouble », cette affection (ou infection) du traitement iconographique, par contamination d'un motif qui serait historiquement lié à un autre, comme je l'ai fait moi-même remarquer dans certaines longues notes de l'ouvrage, mais sans que j'en fasse une exemplification du concept d'opacité. Toutefois il peut arriver que l'artiste, consciemment ou inconsciemment (et vous imaginez l'ampleur et la difficulté des problèmes théoriques que cette suggestion soulève), investisse des enjeux personnels, des stratégies ou des tactiques sociales, idéologiques, politiques, psychologiques dans l'équivocité d'une image ou dans l'incertitude d'un énoncé figuratif. Dès lors, le « trouble » que l'analyse iconographique a mis en évidence requiert une interprétation dont le concept régulateur – pour parler comme Kant – sera bien celui d'opacité.

Le sens « technique » où j'ai employé le terme « opacité » à la suite d'*Opacité de la peinture* est celui de la pragmatique contemporaine. Mais il est très remarquable, par exemple chez Récanati, que celle-ci trouve ce concept élaboré et comme théoriquement saturé, même si le terme n'est pas prononcé, chez les grammairiens et les logiciens de Port-Royal ou, plus en amont encore, dans la sémiologie augustinienne, et cela dans la notion même de représentation. Quoique, pour reprendre vos propres termes, à travers ses six études, *Opacité de la peinture* constitue une *critique* de la représentation, le concept d'opacité, quant à lui, est un élément constitutif de la représentation moderne qu'il appartient à une pensée et à un travail *critiques* de faire apparaître comme tel dans la représentation.

P.C. – Il est vrai que dans *Opacité de la peinture* vous vous interrogez sur ce qui, à un moment donné, dans la peinture de Piero della Francesca ou du Pinturricchio, n'est pas de « transparence » – soit une image, un signe renvoyant directement à du représenté, – mais à ce qui est de l'ordre de l'opacité – une représentation renvoyant à ses propres conditions de possibilité. L'opacité de la représentation, serait-ce donc – au sens « technique » du terme comme vous dites – la mise en évidence, par la représentation même, de ses conditions de possibilité, de son « transcendantal ».

L.M. – Certes, mais à condition de donner à « transcendantal » le sens d'*a priori* matériel, comme disait Mikel Dufrenne, esthétique, pathique aussi bien que cognitif. « Opacité », dans le pluriel de son sens désignerait tout ce qui, dans l'art du visible, joue au-delà ou en-deçà de la représentation, ou plutôt ce qui dans la représentation l'ouvre sur son en-deçà ou son au-delà : opacité, en bref, désignerait dans la représentation tout ce qui déjoue sa transparence aux choses, au monde, à l'être qu'elle re-présente au regard, comme aux intentions explicites et délibérées de son sujet.

Opacités : présence d'une matière, d'une chair, d'un corps de peinture dans le pur mouvement de signifiance de l'image du visible qu'est le tableau de peinture, le squelette de son châssis, la peau de sa toile, rugueuse ou lisse, avec sa taille et son format, les pigments colorés, les pâtes, les enduits et les vernis ; traces laissées dans la touche par les gestes du peintre ; accents, espacements, arrangements, dissimulations et occultations, explosions, tourbillons, flux et reflux, onctions, mellosités, suavités, liquidités, viscosités, grumeaux, gouttes et coulures, griffures, incisions, giclures : opacités. Toute représentation se présente, même lorsqu'elle représente quelque chose.

Comme vous le savez bien, la pensée classique définit la structure signifiante en général comme représentation. L'idée représente la chose pour un esprit et le signe est cette chose qui représente l'idée pour les autres esprits. La signification du signe consiste dans l'adéquation du signe à l'idée et, par là, à la chose signifiée : adéquation mimétique, que cette *mimesis* soit réglée par « nature » ou par « convention », autrement dit qu'elle soit d'image ou de langage : la convention, en l'occurrence, est parfaitement « naturalisée », comme la « nature » est déjà une première forme de convention. La réalité, sinon la valeur objective du signe, c'est son effacement par transparence devant l'idée et devant la chose signifiée. La fonction de la transparence du signe est ainsi d'assurer la communication parfaite des esprits entre eux : la fonctionnalité du signe est l'essence de la représentation moderne. La coextensivité exacte de la structure et de la fonction de signification construit l'universalité de la connaissance dans la transparence de son discours où les sujets rationnels conviennent entre eux.

La théorie classique définit bien l'opération par laquelle un langage naturel s'approprie une expérience déterminée et la transforme en objet communicable. Un système de signes, ensemble d'unités discrètes liées selon des règles définies, est appliqué à la réalité qu'il articule et qu'il intègre. Pour le sujet parlant, il y a, entre la langue et la réalité, adéquation complète ; « le signe recouvre et commande la réalité ». On peut convenir d'appeler sens ce recouvrement d'une expérience conçue en tant que moment vécu comme totalité par un sujet ou un groupe de sujets formant une collectivité, par un système de signes constituant une langue, dans une opération de désignation motivée objectivement aussi bien par les nécessités pratiques de la communication sociale que par l'action de divers facteurs historiques. Telle est, pourrions-nous dire, la pratique de sens dans le langage, externe au système constitué par la langue puisqu'elle est l'application arbitraire de ce système à l'expérience de la réalité, mais cependant interne à lui puisque s'identifiant à la réalité pour le sujet parlant, c'est-à-dire pratiquant la langue dans l'expérience sociale de la communication. Mais, que le signe soit de langage ou d'image, qu'il opère « par nature » ou « par convention », son idéalité est sa transparence : s'effacer dans ce qu'il re-présente pour le livrer tel au regard, au savoir, sans reste ni résidu.

Mais il y a toujours un résidu. Dans l'œuvre de peinture et son regard, il reste toujours à voir. Le résidu de la transformation du réel en représentation est plus qu'un simple reste. C'est une dimension fondamentale de la représentation, je veux dire qui lui donne son fondement et son fond, ses conditions *a priori* de possibilité et le *Grund* sur lequel elle s'enlève en l'articulant. « La vue arrache au réel un savoir, elle le maîtrise par son savoir ; il reste un noyau invisible, immaîtrisé par le savoir », la part opaque du signe, et c'est par elle, et avec elle, que sont induits dans le mouvement pur de la signifiance tous les effets de plaisir et de jouissance dans la sensibilité et l'imagination : accomplissements de désirs – mais quels désirs ? – et anéantissements dans l'ouverture des bords, vertiges entre figures et fonds – quelles jouissances, et pour quels lieux de la chair ou de l'âme ? pour quels espaces des facultés ? pour quels réseaux dans les systèmes du corps ou de l'esprit ? Francis Bacon livre cette confidence : « Je n'avais pas l'intention de faire ce tableau-là, je n'ai jamais pensé qu'il serait comme ça : c'était continuellement comme un accident montant sur la tête de l'autre (...) Toute peinture est un accident. » C'est en ce sens aussi que toute représentation comporte dans son effectuation même une part d'opacité : véhicule, moyen ou instrument de signification d'un sujet à un sujet, image. Les opacités de la matière, du matériau et des substances dans l'image, dans ce qui « fait image », s'organisent autour d'une intention de communiquer, et s'y dissimulent pour bientôt la dérober à elle-même, la surprendre et la révéler. Bacon ajoute, peut-être plus profondément encore : « Je vois d'avance la chose dans mon esprit et pourtant je ne la réalise jamais comme je la prévois. Elle est transformée par le fait même qu'il y ait une peinture. » Cette intention est irréductible à tout programme de communication, quand bien même elle paraîtrait exactement l'accomplir. Accident, hasard, et pourtant intention.

Une peinture, une gravure ne se borne pas à traduire un concept, un thème ou les injonctions d'une commande : opacités du hasard et de l'intention, entre chance et fortune, entre *tuchè* et *automaton* comme dirait Aristote, où, dans cet écart, « l'artiste s'émerveille d'avoir appris de son travail ce qu'avant de l'avoir dit il ignorait qu'il voulait dire », où, dans ses intentions créatrices mêmes, un sujet se constitue des aléas réalisés de son entreprise. C'est justement parce qu'il s'agit de la matière même de l'œuvre, avec ses contraintes indépassables, c'est parce qu'il s'agit de la pratique artistique qui lui est liée, que la signification ne saurait s'épuiser dans l'idée de la chose « à représenter », ni dans l'intention du sujet « créateur » de produire sa représentation. Toute représentation se présente représentant quelque chose. Opacité de ce « réfléchi » qui s'ouvre dans la représentation et son mouvement pur de signifiance au-delà ou en-deçà de toute position (thèse, *Setzung*) d'un sujet, d'un cogito : effet de sujet, je veux dire que le sujet (de représentation) émerge d'elle comme l'effet de sa présentation, à l'émerveillement de l'artiste au travail ou pour maintenir active, entre *tuchè* et *automaton*, la dialectique de l'intensité de la cause efficiente et l'intention de la cause finale, l'art dans l'œuvre en train de se faire et d'être faite, dans cette inchoativité, a un effet de sujet ; opacité de sujet entre le temps de la force, de la passion, de l'idée et le temps ou les temps non synchrones des déplacements qui les accomplissent. Dans l'œuvre, la représentation a un effet de sujet, l'œuvre est *objectivement* un sujet. On peut dire aussi que l'œuvre se pense elle-même dans le *modus operandi* pluriel de la peinture.

L'ODEUR POREUSE DE LA MER OU DE LA LECTURE EN PEINTURE.

P.C. – Cette opacité de la peinture, même ainsi reconnue dans sa multiplicité matérielle ou dans les formes de la réflexivité, n'est-elle pas rendue transparente à un moment donné par la rationalité induite par la lecture ordonnatrice du sémiologue ou de l'historien ? Le mode de lecture sémiologique ne cadre-t-il pas trop le sens ? Ne le réduit-il pas comme s'il s'agissait d'en contenir tout excès ? L'art, n'est-ce pas ce qui résiste ?

L.M. – Vous posez par cette batterie de questions un ou plusieurs problèmes bien difficiles que je ressens, à dire vrai, comme une seule et irréductible aporie, celle de *dire* « l'art », l'art de peinture en particulier, et ses œuvres. De nouveau se repose, et elle se reposera interminablement, la question de l'ineffabilité de la peinture qu'au dos d'un livre, dans une quatrième de couverture, j'avais peut-être trop rapidement écartée..

P.C. – Le sens – de la peinture – n'est-il pas pris dans les rêts de la normativité ?

L.M. – C'est-à-dire dans les filets du langage, du discours qui tenterait de le dire, de l'écrire, ne serait-ce que de la plus humble façon, par exemple en « décrivant » le tableau : le simple fait de décrire un tableau, c'est immédiatement et nécessairement ordonner une totalité visuellement donnée dans le temps d'une succession, selon l'avant et l'après. La redoutable question de la rhétorique, « par où commencer ? » est en l'occurrence encore plus redoutable. Par où commencer ? En haut à gauche ? Comme si mon œil – comme tout œil occidental depuis trois millénaires – lisait une page écrite ? Comment continuer ? Que distinguer ? Tout n'est-il pas à dire ? Et comment tout dire sans faire taire le dire ? Comment dire – décrire – sans articuler, couper et découper les continuités et les flux formels et matériels qui font la peinture ? Comment d'emblée ne pas énoncer « marbre », « rocher » ? Comment suspendre cette immédiate nomination et tenter de dire les taches brunes et les coulées ocre et les accents verts en virgule et ces empâtements et ces fragments accrochés par la texture de la toile ?

Et, le disant ainsi, même dans le luxe profus d'un vocabulaire qui se voudrait l'égal de la richesse du réel transfiguré dans le tableau, vous discernerez aisément les intentions secrètes d'un regard singulier, cherchant dans ce qui lui est présenté – et représenté – ce qu'il désire voir, pour le dire, ce qu'il veut dire pour le voir, ou, mieux (ou pire) encore, découvrant comme ses personnelles trouvailles, les formes et les traits, les accents et déjà les figures qu'inscrivent dans son œil et dans son temps, dans son corps, son regard et sa sensibilité, son éducation, son entourage, les sédimentations inconscientes que son histoire individuelle, que l'histoire collective ont déposées en lui...

Comment dès lors ne pas reconnaître avec vous, mais de façon peut-être encore plus radicale, que, dès que j'ouvre la bouche devant *la Tempête* de Giorgione –

même dans une parole intérieure, et qu'est-ce que penser sinon se parler, et qu'est-ce que penser sinon voir et parler son voir ? –, le « sens de la peinture est pris dans les rêts de la normativité », les filets des normes du langage qui n'est tel que par les normes et règles qui le constituent en système ? Et cependant en rester simplement à la vision muette, à la contemplation silencieuse ou encore, de façon plus fruste, à la simple « perception » de cette *tavolletta* accrochée à l'Académie de Venise, littéralement me dérobe ce que je vois, ce que je contemple, ce que je perçois. En rester à... ou plutôt tenter d'en rester à cette immédiateté sans mots, sans phrases, sans pensée est impossible, car, à supposer que j'y réussisse, c'est alors que je ne verrai, ne contemplerai, ne percevrai *rien*, que je m'endormirai dans un sommeil aveugle et sans rêve... Voulant atteindre et saisir le « sens » de la peinture, comme vous dites, sans jeter sur elle les filets du langage, mais dans son émergence originaire, dans une virginale primitivité d'avant tout regard, toute pensée, tout langage, c'est renoncer à voir, c'est renoncer au sens même, c'est tomber dans le malheur de l'insensé.

Laissez-moi vous conter une anecdote personnelle qui a peut-être stigmatisé ma pensée. Après une très longue interruption due à la maladie, à l'occupation et à la guerre, j'avais eu l'occasion de revoir la mer Méditerranée, je ne sais plus où ; seulement le souvenir d'un bois de pins, sec et chaud, de rochers ocre et rouges, d'une brise légère ; il se pourrait bien, y songeant en ce froid matin de janvier, que l'image de ma mémoire réalisât comme événement de ma vie passée la parole poétique :

> « Ce toit tranquille, où marchent des colombes,
> entre les pins palpite, entre les tombes.
> Midi le juste y compose de feux
> la mer, la mer toujours recommencée. »

Quoi qu'il en soit, autant qu'il m'en souvienne, je fus saisi et comme empli par l'odeur de la mer, une odeur très ancienne, presque oubliée venue de mon enfance et des vacances passées à l'âge de cinq ou six ans sur une plage près de Menton ; une odeur déferlante et pourtant discrète comme un parfum trop fort mais qui se serait dissipé : épreuve d'un immense bonheur, mais jusqu'à la souffrance, parce que nul mot, dans l'instant où je le sentais m'envahir d'un passé soudain présent, ne venait à ma pensée, à mes lèvres, à mes sens, pour dire pour moi ce bonheur, le fixer dans ma pensée et peut-être aussi le dire à d'autres afin de lui donner un temps transfiguré dans une durée qui ainsi accéderait à l'éternité.

Et tout à coup me vint à l'esprit, à la pensée, aux lèvres, aux sens, le mot « poreux » ; sans l'avoir cherché, sans même avoir analysé sensoriellement l'odeur afin d'en trouver le qualificatif correspondant en langage, ce mot s'imposait à moi avec une absolue nécessité, venu du trésor de la langue à la rencontre de cette sensation, *kairos* heureux du monde, de la chair du monde, comme disait Merleau-Ponty, et de la chair du langage. Ce dire de l'odeur de la mer accomplissait enfin le bonheur de ce moment du temps, à la fois souvenir de vacances anciennes, et présent intense d'une nouvelle rencontre, dans une jouissance qui était indissolublement du langage et du corps, de la pensée et du monde : une minuscule, une infime œuvre d'art – minuscule poème fait d'une sensation et d'un mot – était ainsi née, pour un instant et pour toujours, où le mot « poreux », loin de réduire la sensation très singulière de la mer, loin de contenir l'excès de l'odeur méditerranéenne, l'accomplissait souverainement, lui donnait son ampleur, sa durée, ses harmoniques cénesthésiques ; loin de la livrer à la profusion de l'excès, lui donnait la plénitude de son intensité.

J'ai cherché ce matin dans le dictionnaire la définition de « poreux », pour découvrir que ce mot qualifiait un moyen, un canal de l'odeur, et que, du même coup, la bouleversante rencontre de l'odeur de la mer et de ce mot de l'idiome dont, au lendemain de la guerre, mon corps avait été le théâtre singulier, n'était qu'une espèce de tautologie en ce point particulier du monde et du langage. Jugez en plutôt : « poreux : qui a des pores » ; «pore : le nom donné à des orifices existant sur toutes les parties du corps vivant, orifices auxquels on attribue la fonction d'absorber et d'exhaler, mais qui ne sont que des ouvertures des glandes sudoripares et qui par conséquent n'absorbent rien (l'absorption se faisant non par les orifices mais par endosmose) ». Un corps poreux serait donc un corps qui ne ferait que s'exhaler ou s'évaporer, un corps qui ne serait plus qu'échappement de matières subtiles, en bref, un corps-odeur comme la mer Méditerranée en cette fin de matinée de juillet 1946... pierre, rocher, terre et mer, devenus nuée, brume, air... «L'odeur poreuse de la mer », ne serait-ce pas, sans que je l'aie voulu, sans l'avoir cherché, ce qualificatif où se signifierait exactement cette rencontre ponctuelle du langage et du monde dans une œuvre d'art, un poème, si infime fût-il, le moment où l'eau de la mer, le rocher qui la borde deviennent pure exhalaison, parfum, odeur, le moment où l'eau marine et la terre, « le toit tranquille où marchent des colombes » se transfigurent dans le simple souffle, la pure prolation, le parfum d'un mot, d'un mot signifiant cette simple et pure exhalaison, « poreux, qui a des pores ».

En y réfléchissant, cet enroulement entre le monde et le langage dans le poème que je viens d'effectuer, mais presque à mon insu, et en tout cas sans que je l'aie voulu, simplement guidé par la langue et mon souvenir de la sensation de mon corps, ce tressage du dire et du sentir dans la trouvaille poétique répond, mais singulièrement, à l'aporie que vos questions initiales signalaient : il y répond, mais en l'intensifiant. Il y répond, en effet, par le « poème », et non par le discours de connaissance, voire de science, qui était celui que vos questions précisément visaient : le discours historique, sémiologique, etc.

Mais le « poème » a, je crois, l'avantage de fournir un socle, sinon un fondement à une réflexion « métathéorique », comme vous êtes accoutumée de dire, soit aux discours théoriques et historiques sur (de) l'art. Il a l'avantage de souligner que toute prise en compte théorique et historique de l'opacité de la peinture ne saurait être simplement d'ordre sémiotique ou cognitif, mais que, comme dans la petite anecdote poétique de l'« odeur poreuse » de la mer, elle doit être, indissolublement aussi, pathique-affective et esthésique-sensitive. Sinon, elle manquera son objet qui est de dire, certes point le tout de l'œuvre de peinture, mais ce qui se trame en elle et qui est à la fois de l'ordre du signe, de l'affect et de la sensation, et sans qu'aucune de ces dimensions ne soit, dans cette œuvre que je regarde, (ainsi *la Tempête* de Giorgione à l'Académie), transcendante au lieu et au moment où je la regarde, à l'histoire de ce lieu, à ce moment de ce regard ; sans qu'aucune de ces dimensions ne soit indépendante du lieu et du moment où l'œuvre a été faite, de sa destination officielle ou secrète qui n'est pas nécessairement identique aux intentions de celui qui l'a peinte ni non plus à ces intentions à la fois aléatoires et contraignantes dont nous avons déjà parlé qui naîtraient des actes de peindre et de leur succession et de leurs effets dans le tableau lui-même et qui ont également leur histoire.

Ainsi cette coulure jaune entre deux nuages livides où, dès le début, avec Michiel, on a voulu voir un éclair de foudre – ou son image transie dans le tableau – et qui n'est peut-être en fin de compte que le double interstice éclatant de lumière de deux nuages.

S'il en est ainsi, ma petite anecdote de l'odeur poreuse de la mer inciterait, dans sa confidentialité singulière et à cause de la poéticité même qu'elle décline, à poursuivre dans cette voie, à montrer comment le plaisir esthétique, la jouissance de la sensation et sa transfiguration, un instant, dans le bonheur de la rencontre du langage et du monde ne sauraient faire oublier la liberté soudain recouvrée en 1946 à la fin d'une adolescence studieuse, nourrie de savoirs et de livres et plongée depuis l'enfance dans la lumière classique de la Grèce et de Rome, tout un ensemble de déterminations à la fois historiques et sociales, des congés payés du Front populaire à la guerre d'Espagne, des origines paternelles provençales et méditerranéennes à la valorisation absolue du travail intellectuel qui était le propre du groupe social auquel j'appartenais, de la guerre et de l'occupation à une libération qui coïncidait avec celle de la jeunesse du corps, etc.

Comme vous le voyez bien – et, en l'occurrence, il ne s'agit ni d'une œuvre de peinture ni d'un poème de langage, mais d'un simple souvenir qui revêt, à mes yeux tout au moins, l'essence du poème –, la lecture de l'historien et la rationalité qu'elle induit, pour reprendre vos termes, loin de rendre transparente l'opacité, en déploie au contraire la richesse pour ainsi dire inépuisable à la mesure des questions qu'elle pose. Lecture historique, lecture de sémiologue sans doute, mais le terme de lecture est dangereux, ou tout au moins la signification qu'il laisse entendre immédiatement risque d'obnubiler ce qui est essentiel dans le travail historique ou sémiologique concernant la peinture, ses œuvres, leur sens. Comme si lire en l'espèce consistait à extraire de ce tableau, de cette œuvre de peinture, un texte qui y serait, un texte que les formes et les figures du tableau cacheraient, mais que leur seule finalité serait d'exprimer et de révéler.

P.C. – Pourtant, à considérer vos nombreuses études sur la peinture, se dégage l'idée que, pour vous, l'art est un objet de connaissance, appréhendé selon certains outils conceptuels.

L.M. – L'art peut et doit être un objet de connaissance, mais il ne s'ensuit pas que, dans la connaissance qui en est prise, soit méconnu, oublié ou réduit ce qui, dans l'art, et plus spécifiquement dans l'œuvre d'art de peinture, n'est point véhicule d'un savoir, mais un vecteur d'affect, ou un déclencheur de sensation, bref, que soient mé-connues les dimensions pathique et esthésique de l'œuvre dont il faut faire l'histoire et la sociologie, l'anthropologie ou la « linguistique », comme de ce qui, en elle, est proprement sémiotique. Peut-être faut-il ici réfléchir sur la lecture.

Le 28 avril 1639, Poussin écrit à son client et ami Chantelou une lettre d'envoi du tableau que celui-ci lui avait commandé : *la Manne*. Il y souligne qu'il a bien rempli son contrat ; il lui donne quelques conseils sur l'encadrement de la toile et sur son accrochage ; il formule enfin cette instruction : « Lisez l'histoire et le tableau afin de connaître si chaque chose est appropriée au sujet. » Lisez l'histoire et le tableau : cette injonction du maître à son client en 1639 fait écho au conseil que donnait Marsile Ficin à Laurent le Magnifique, en plein Quattrocento : « Etudiez vous-même avec soin la toile : les images alors parleront. » Lire l'image, lire le tableau, ce serait donc faire parler l'image que le tableau présente au regard. Le regard attentif délivrerait le tableau de son mutisme en le faisant raconter l'histoire que ses figures représentent. Le regard lui donnerait une voix, celle du poème épique ou lyrique que formes, lignes et couleurs, avec ordre assemblées, font chanter en silence sur la toile.

« Etudiez le tableau, les images parleront...» «J'ai trouvé une certaine distribution pour le tableau de M. Chantelou et certaines attitudes naturelles qui font voir dans le peuple juif la misère et la faim où il était réduit (...), choses, comme je crois, qui ne déplairont pas à ceux qui les sauront bien lire », avait écrit Poussin deux ans auparavant au peintre Jacques Stella. Savoir bien lire les figures, leurs actions et leurs passions, ce qu'elles représentent, ce qu'elles signifient, savoir bien lire les tableaux, savoir faire parler les images, ce savoir fut donc l'objet de la science des œuvres d'art dont Panofsky a laissé les modèles de description et d'interprétation. Mais on peut se demander si la méthode de cette science et la philosophie qui la sous-tend, ne nous conduisent pas, avec Panofsky lui-même d'ailleurs, à problématiser le conseil de Ficin ou les instructions de Poussin.

P.C. – L'art contemporain se constitue-t-il toujours en objet de connaissance ? N'est-il pas nécessaire aujourd'hui de forger de nouveaux outils pour rendre compte d'une réalité artistique complexe ? C'est dans cette direction que l'on peut se demander comment il est possible pour vous de rendre compte de systèmes iconiques non narratifs, voire non figuratifs...

L.M. – Vous avez parfaitement raison. C'est ici qu'il faut nous tourner, après l'avoir un moment écartée, vers la pratique contemporaine d'un art qui s'est, en quelque manière, libéré de la dimension transitive de la représentation et autonomisé dans les opacités de la présentation de l'œuvre.

Il ne s'agit pas d'un recours, en désespoir d'une théorie incapable de se formuler ni de se fonder, d'un recours pratico-pratique qui consisterait à pratiquer pour comprendre la pratique. Il s'agit au contraire de considérer théoriquement la pratique artistique comme pratique déterminée de sens, comme l'intégration de l'expérience totale par un langage et comme le développement de procès de signification visant à intégrer dans l'opération structurante ce « quelque chose », – « l'art c'est ce qui résiste », disiez-vous, – ce quelque chose qui, tout en correspondant à une proposition artistique, n'est justement pas saisissable par la représentation, ces opacités qui ont pour caractéristique, dans la pratique artistique, de subvertir l'opération transitive de la représentation par les procès de signification qu'elles provoquent.

Dans l'espace de Pollock il n'y a rien à raconter, parce que le tableau ne parle ni ne signifie. Il ne représente pas quelque chose, il montre, il présente de la peinture, il se présente. C'est la complicité entre un certain regard et un certain discours que le tableau de Pollock, dans son espace, délie. Aussi convient-il à cette occasion, non point d'avoir la prétention d'inventer un nouveau langage, du moins de proposer prudemment quelques catégories critiques et théoriques d'une description dont la première visée serait de mesurer les déplacements, sinon les bouleversements des notions qui gouvernaient ce discours que la peinture de Pollock, à sa plus grande intensité – bien évidemment avec d'autres –, rend impossible à tenir. Il faut en outre avouer que, si l'espace Pollock met en désarroi un discours sur ou de la peinture, c'est aussi parce qu'il met en désarroi la peinture : il la met hors de son arroi, hors de son train de tradition.

« Lisez l'histoire et le tableau ». La transparence de la représentation est en connivence avec cette lecture du tableau, c'est-à-dire avec un certain comportement du regard spectateur depuis si longtemps lié à ce discours sur ou de la peinture comme la condition de sa vérité. A-t-on en effet suffisamment interrogé – sans être pour cela un psychologue – la diversité des opérations et la complexité des constitutions de ce regard ? Lire, c'est d'abord voir, mais dans une modalité spécifique, celle de discerner, de séparer, de distinguer des éléments dans un champ ; c'est introduire des discontinuités dans les plages de la vision ; c'est articuler un continu par parcours, par extra– et inter– polations, par glissements et affaiblissements, par effacements ou ruptures. Étrange espace que celui de la lecture en son fond, puisqu'il est celui des métamorphoses du discret.

Lire, c'est alors, dans cette texture, dans ces amas en transformations brusques ou glissées, reconnaître des formes, des figures, des signes sans nécessairement savoir de qui ou de quoi ce sont les formes, les figures, les signes. Et pourquoi ces formes seraient-elles immédiatement celles des choses ? Ces figures, celles de personnages ? Ces signes, déjà des mots ? Ces structures signifiantes, déjà une langue ? Reconnaître oscille déjà entre ses deux sens : connaître à nouveau ce qui était déjà connu, marquer derechef ce qui avait déjà sa marque, ou bien, deuxième sens, s'engager dans un espace inconnu au-delà des frontières du familier, comme l'explorateur ou l'avant-garde. Le préfixe « re- »

a ici valeur anticipatrice. Reconnaître cet espace, c'est, de rétrospections en anticipations, résumer le passé dans des schèmes d'attente et profiler le futur en projets, voire en une prospective conjecturale.

Lire, enfin c'est, sur tout cela, à partir de tout cela, appréhender un sens, identifier des unités discrètes en nombre fini faisant système : lire, ainsi que le dit le dictionnaire, c'est prendre connaissance du contenu d'un texte. Mais c'est alors que l'espace disparaît, celui du continuum articulé, celui de la reconnaissance et de la réflexion. Sous le regard attentif qui suit des lettres, des mots, des phrases, *sans les voir*, le « sens », incorporel, fantomatique, flotte au-dessus des signifiants soudain transparents qui le portent. Tel est le moment de la transparence.

Trois espaces de lecture dont la peinture de Pollock jouera du premier jusqu'au dernier tableau, mais dont il faut dire aussi que sa force moderne, au sommet de sa puissance, consistera à proposer au regard l'espace originaire de constitution de l'œuvre. Tout se passe comme si, de l'hiver 1946-47 à 1950-51, en quatre ans et demi, Pollock retournait, « catastrophait », cette architecture d'espaces dont je viens de vous donner l'esquisse, en mettait le fondement à l'air libre. Il donnait ainsi à lire à un regard, dont toute l'information, toute l'inculcation culturelle, était de reconnaître figures et formes, un espace primitif de métamorphoses, celui des articulations de la surface comme espace ultime du tableau. Il le lui donnait à voir comme s'il s'agissait de le lire. Ce que le regard va alors découvrir dans ce simulacre de lecture, c'est sa propre intimité depuis longtemps oubliée avec le visible. Les yeux se découvrent dans leur regard comme, aurait dit Merleau-Ponty, le pli du tableau qu'ils voient, au creux de sa surface.

CET OUVRAGE A ÉTÉ ENRICHI ET ACHEVÉ D'IMPRIMER LE QUATORZE AVRIL MIL NEUF CENT QUATRE-VINGT-DIX-SEPT DANS LES ATELIERS DE NORMANDIE ROTO IMPRESSION S.A. À LONRAI (61250) N° D'ÉDITEUR : 3151
N° D'IMPRIMEUR : 970411

Dépôt légal : avril 1997